Werner Färber

Geschichten vom Clown Coco

Mit Bildern von Regine Altegoer

Hase und Igel®

Für Lehrkräfte gibt es zu diesem Buch ausführliches Begleitmaterial beim Hase und Igel Verlag.

www.hase-und-igel.de
Druck: Himmer AG, Augsburg

Dieses Buch erschien erstmals unter dem Titel „Kleine Geschichten vom Clown Coco“ in der Loewe Verlag GmbH, Bindlach.
Es wurde für diese Ausgabe vollständig neu bearbeitet.

Illustrationen von Regine Altegoer

Kartonierte Ausgabe:
ISBN 978-3-86760-146-7
Gebundene Ausgabe:
ISBN 978-3-86760-726-1

Inhalt

Der Zirkus kommt

Der  kommt!

Und Coco, der ,

kommt natürlich auch.

Lange schon hat der 

auf riesigen 

die  angelacht.

Sie freuen sich auf den .

Heute gehen  ,

 und 

an den winkenden  vorbei.

Ein  tuckert

hinter dem anderen.

Jeder zieht

einen bunten  .

Endlich halten sie an.

Wo steckt der  ?

Die Kinder laufen

von  zu  .

Im ersten wohnt der  .

Im nächsten der  .

Dahinter stehen die 

der  und  .

Der letzte  ist sehr bunt.

An der  hängt ein .

Darauf steht: Coco, der .

Als die  aufgeht,

kommt ein normaler  heraus.

„Wohnt hier nicht der  ?“,

fragt ein  .

„Doch“, antwortet der  .

„Ich hole ihn.“

Die  müssen lange warten.

Dann steht Coco vor ihnen.

Er hat lustige  ,

eine rote 

und viel zu große  .

„Und wo ist jetzt der ,

der dich geholt hat?“,

fragt ein kleines .

Coco legt den 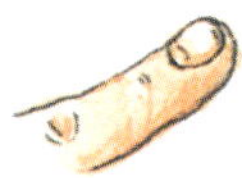 auf den 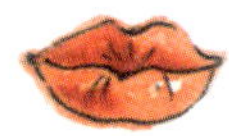.

„Das wird nicht verraten.“

Auf den Hund gekommen

Beim  geht heute alles schief.

Zuerst ist ihm seine liebste 

vom  gefallen.

Dann hat er mit dem 

sein  verbrannt.

Und ein  ist ihm auch noch

vom  abgerissen.

Coco holt  und 

und näht den  wieder an.

Dabei sticht er sich in den 

und braucht auch noch ein 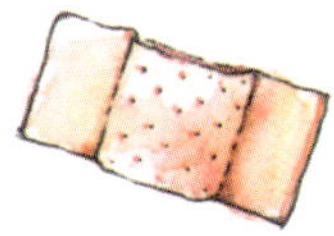.

Er schlüpft in seinen linken 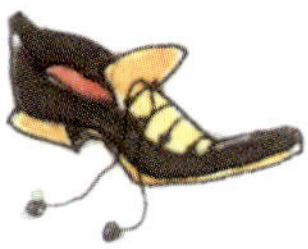

und bindet eine .

Dann in den rechten .

Der  reißt.

Mit dem  in der 

rennt Coco zum .

„Hat jemand einen ?“

„Nimm meinen“, sagt der .

Er macht seinen 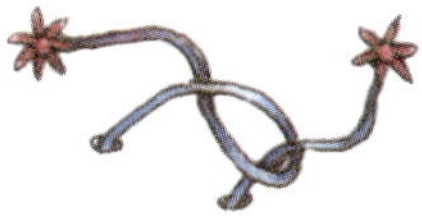 auf.

„Coco, du bist dran!“, ruft der  .

Da kommt Bonzo,

der  der  .

Er schnappt sich Cocos 

und läuft in die 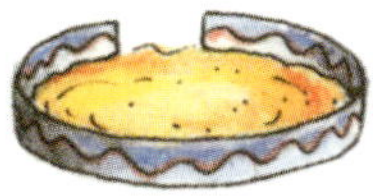 .

Bonzo hat den 

zwischen den 

und nagt mit seinen scharfen 

daran herum.

Coco schleicht sich an.

Als er nach dem  greift,

rennt Bonzo davon.

Immer und immer wieder.

Die  klatschen

und trampeln mit den 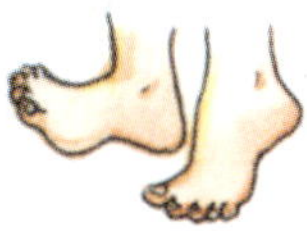.

Sie glauben, der  und

der geklaute  gehören dazu.

Vielleicht sollte der 

immer mit Bonzo auftreten?

In letzter Sekunde

Nur ein einziger 

strahlt die  an.

Hoch über der 

tanzt sie auf ihrem .

Die  auf ihrem 

glitzern und funkeln golden.

Bewundernd schaut ihr Coco zu.

Die  schreitet

mit einem  in der 

hin und her.

Dann fährt sie mit einem 

über das straff gespannte 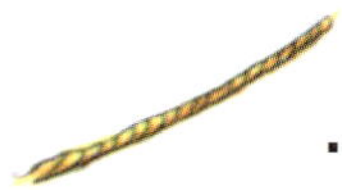.

Da hört Coco etwas knacken.

Ob mit dem 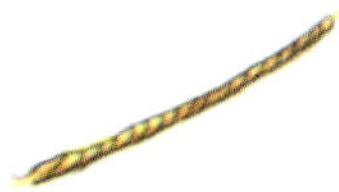

etwas nicht stimmt?

Nun verbindet sie sich die .

Es wird ganz still im .

Man hört nur noch leise die  .

Vorsichtig setzt die 

einen  vor den anderen.

Wieder knackt es.

Jetzt ist der  ganz sicher.

Das 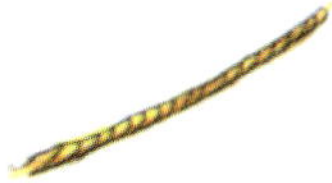 wird reißen.

Coco klettert die  hinauf.

„Nimm dein  ab

und geh weiter!“,

ruft der  .

Er streckt der 

seine  entgegen

und packt entschlossen zu.

Peng! Das  reißt!

Coco zieht die 

gerade noch zu sich.

Alle klatschen und jubeln wie wild.

Eine zauberhafte Nummer

„Unser  ist krank“,

sagt der  zu Coco.

„Du musst für ihn einspringen.

Hier sind sein ,

sein  und sein 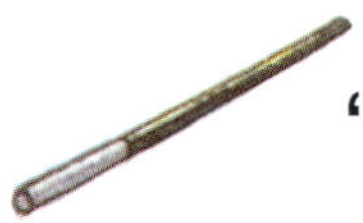“,

sagt der .

Das  des  ist geheim.

Deshalb zieht Coco die  zu.

Er liest, wie man ein 

aus dem 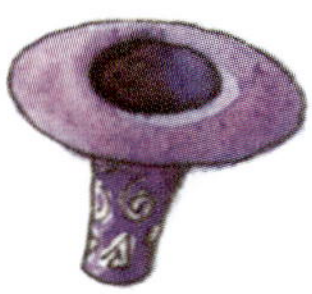 zaubert

und wie man einen 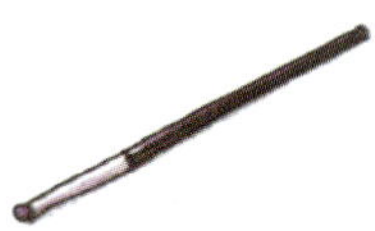

in einen  verwandelt.

Er streicht über den 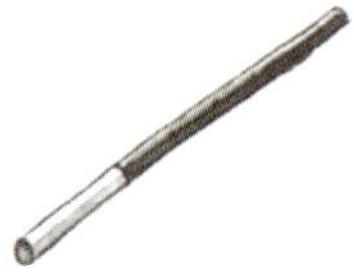

und hat – Simsalabim! –

einen  in der 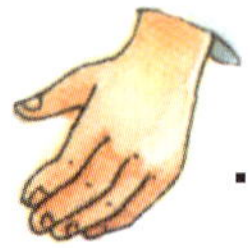.

Es funktioniert tatsächlich.

Trotzdem ist er aufgeregt,

als er mit  und 

in die  tritt.

Auf einem 

liegt das dicke  des .

Neugierig schlägt er es auf.

„Hoppla!“, ruft er,

als ihm plötzlich

ein  entgegenspringt.

Coco setzt es in den  .

Als er den  wieder aufsetzt,

rieseln 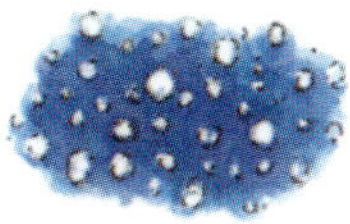 auf seinen  .

Das  ist verschwunden.

Als Coco das 

unter dem  wiederfindet,

lachen die .

Der  verwandelt

den  in eine  .

Damit lockt er das 

aus der  .

Die  sind begeistert.

Sie haben nicht einmal gemerkt,

dass Coco

gar kein richtiger  ist.

Notbremse

Der  reist ab.

Noch einmal

ziehen die 

durch die  .

Viele  winken hinterher.

Der  verabschiedet sich

mit riesigen  .

Die  werden

auf einen  verladen.

Coco stellt sich ans  .

Ein  winkt ihm zu.

Der  winkt

mit einem bunten 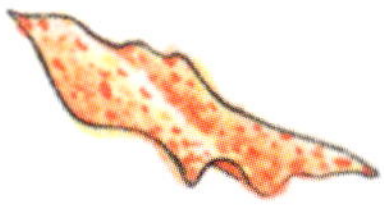 zurück.

Der  hat einen .

Plötzlich steigt er in den .

Schon hebt der  die .

Die  schließen sich.

Der  fährt an.

Der  erschrickt.

„Ich will gar nicht mitfahren!“,

sagt er und fängt an zu weinen.

Der  fasst sich ein .

Er zieht die .

Quietschend hält der  an.

Mit finsterem 

kommt der  angerannt.

„Was soll das?“, fragt er.

Coco zeigt dem 

den weinenden .

Schon klopft von außen eine 

gegen das  .

„Mama!“, ruft der  .

Schnell bringt der 

den  aus dem  .

Noch einmal lässt er schrill

die  ertönen.

Jetzt reist der  endgültig ab.

Die Wörter zu den Bildern:

 Zirkus

 Traktor

 Clown

 Zirkuswagen

 Plakate

 Zirkusdirektor

 Kinder

 Zauberer

 Pferde

 Käfige

 Elefanten

 Löwen

 Kamele

 Tiger

Tür

Schild

Mann

Junge

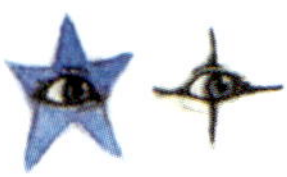
Augen

Nase

Schuhe

Mädchen

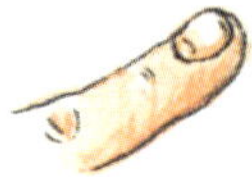
Finger

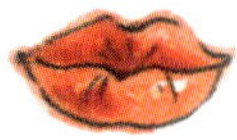
Mund

Tasse

Tisch

Bügeleisen

Hemd

Knopf

Nadel

 Faden

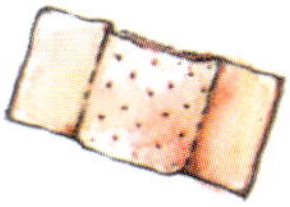 Pflaster

 Schleife

 Schnürsenkel

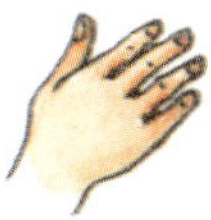 Hand

 Zelt

 Hund

 Seiltänzerin

 Manege

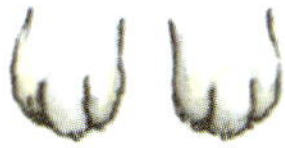 Pfoten

 Zähne

 Zuschauer

 Füße

 Scheinwerfer

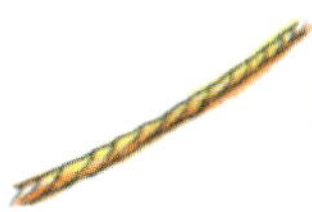 Seil

 Sterne

Kleid

Schirm

Fahrrad

Trommel

Fuß

Leiter

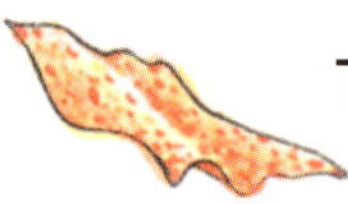
Tuch

Buch

Zauberhut

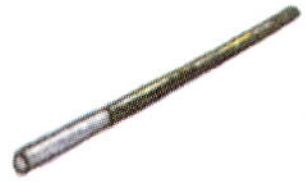
Zauberstab

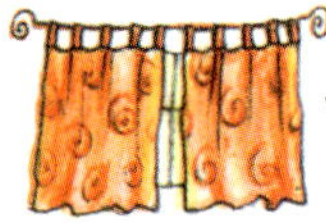
Vorhänge

Kaninchen

Blumen-
strauß

Frack

Schnee-
flocken

Kopf

Karotte

Straße

Seifenblasen

Zug

Fenster

Schaffner

Herz

Notbremse

Gesicht

Frau

Pfeife

Werner Färber, 1957 in Wassertrüdingen geboren, ist ein bekannter Kinder- und Jugendbuchautor. Auch im Rundfunk sind seine Geschichten zu hören. Darüber hinaus ist er als Übersetzer aus dem Englischen tätig. Werner Färber lebt in Hamburg und wer noch mehr über ihn und seine Bücher erfahren möchte, findet im Internet unter *www.wernerfaerber.de* weitere Informationen.

Regine Altegoer, 1963 in Bonn geboren, studierte Design mit dem Schwerpunkt Buchillustration in Münster. Danach arbeitete sie in einer Frankfurter Werbeagentur. 1992 machte sie sich selbstständig. Seitdem illustriert sie für verschiedene Verlage Kinder- und Jugendbücher.